DISTORSIONADA

Te mereces la vida que fue destinada para ti

2da EDITIÓN

POR
MARLYN ROJAS

DISTORSIONADA
Te Mereces La Vida Que Fue Destinada Para Ti

@2021, 2025 MARLYN ROJAS

2da EDICIÓN

Todos los derechos están reservados exclusivamente por el autor. El autor garantiza que todos los contenidos son originales y no infringen los derechos legales de ninguna otra persona o trabajo. Ninguna parte de este libro puede reproducirse, almacenarse en un sistema de recuperación o transmitirse de ninguna forma o por ningún medio sin el permiso expresado o por escrito del autor.

Las citas bíblicas son tomadas de la Santa Biblia, Nueva Versión Internacional (NVI). Derechos de Autor © 1973, 1978, 1984, 2011 por Bíblica, Inc.TM. Usado con permiso. Todos los derechos están reservados.

Impreso en los Estados Unidos de América ISBN-13: 978-1-7353705-3-8

Radiant Publishing New York

Typeset by: Michelle Cline

PRÓLOGO

Conociendo a Marlyn de la manera que la conozco, me siento privilegiado de poder hablarles de esta obra, que Dios por sus vivencias y experiencias le ha permitido escribir. Creo con todo mi corazón que Dios le permitió hacerlo pensando en los jóvenes, mujeres y hombres que van a ser transformados a través de las páginas de esta obra. Ella habla abiertamente para que todo lector entienda lo que es una vida desenfrenada, sin Dios, sin esperanza y de cómo en un momento cuando ella decide cambiar el rumbo de su vida, a través del acercamiento a Dios, logra dar un giro a su vida de 180°. Te motivo a la lectura de esta obra y te aseguro que si tomas el ejemplo de su vida y decides darte una oportunidad con esta guianza, a través del conocimiento de Dios y un acercamiento a Él, tu vida también puede ser transformada. Se que muchas/os serán, transformados, edificados y bendecidos.

Pastor David Serrano- (RIP 1950-2021)

DEDICACIÓN

Me siento tan honrada de servir a un Dios personal que me permitió tener acceso a Él.

Le dedico este libro a Él primero sobre todas las cosas. Me guió precisamente a través de cada paso del camino. ¡Gracias Padre!

En segundo lugar, dedico este libro a mi familia, la cual nunca se hubiera imaginado, ¡WOW, un autor salir de la familia! pero hoy digo; "Hoy estoy de pie y representándolos a todos a través de este libro!."

¡Gracias por creer en mí! ¡Los amo a todos!

En tercer lugar, dedico de igual modo esta obra a mi querido mentor y pastor hasta el 2021, el reverendo David Serrano. Él me ayudo en el proceso de ser moldeada a la mujer que Dios me llamó a ser. Gracias por que fuiste un hombre íntegro.

Por último, a todos los amigos, y mentores elegidos por Dios, que me han apoyado día a día, y a mis futuros hijos -¡El primer libro de tu mami está aquí

CONTENIDO

PRÓLOGO iii
DEDICACIÓN. v
INTRODUCCIÓN ix
HE ESTADO ALLÍ TAMBIÉN. 1
¡ESTABA EN NEGACIÓN! 7
¡DEBES DESINTOXICAR LO QUE CREÍAS QUE ESTABA
    CORRECTO! 11
FUI SABIA Y DE MENTE ABIERTA LO SUFICIENTE
    PARA TOMAR LA DECISIÓN AUDAZ DE ENTENDER
    "EL ALMA". 15
COMENZAR UNA VIDA DE ORACIÓN, DE FORMA
    RADICAL Y AUDAZ 19
¡REVELACIONES DIRECTAS DESDE EL CIELO!. 25
ESTUDIA EL FEMINISMO. 31
DECLARA Y CONOCE LAS PROMESAS DE DIOS
    SOBRE TU VIDA 39
CONTENTAMIENTO EN TODAS LAS TEMPORADAS . . . 43
¡TODO SE TRATA DE TU LLAMADO Y PROPÓSITO! 49
TU CUADERNO DE TU VIDA DESTINADA 53

INTRODUCCIÓN

La Marlyn que ves ahora no está cerca de la Marlyn de hace años. Ahora estoy asombrada cuando veo que alguien pide consejos en diferentes ámbitos de la vida. Recuerdo hace cinco años (2015) cuando finalmente me di cuenta de cuántas cosas me había aferrado y atado desde mi infancia y mis años de adolescencia que tenía que liberar. Tampoco me di cuenta de la cantidad de culpa que tenía en mis relaciones tóxicas, además de culpar a esa dicha pareja. Yo era tan culpable como ellos y me fui en llanto al darme cuenta de esto. Lloré durante horas mientras revivía el dolor de alejar a los buenos hombres y las buenas amistades en mi vida porque no las valoraba ni veía la necesidad de ellos. Tuve una vida entera arrastrando cargas porque quería ser y actuar como un hombre. Quería llevar a cabo sus funciones en todos los sentidos, sin darme cuenta; desde cualquier tarea en el hogar, hasta cualquier cosa que se haga fuera, ya sea en la escuela, la universidad, el trabajo o pasatiempos. Simultáneamente quería "actuar" y seguir siendo conocida como una gran mujer: la Señorita INDEPENDIENTE. Todo esto se abrió, como la gente dice una "LATA DE GUSANOS," que yo llamo:

> "Una lata de emociones que necesitan ser curadas".

Nunca me di cuenta de cuántas relaciones estaba afectando, las ansiedades y la depresión esporádica que estaba luchando, el ciclo de relación tóxica que estaba enfrentando, las perspectivas incorrectas en muchas áreas de mi vida que enfrentaba. En este ciclo también estaba incluida cualquier relación futura, matrimonio e hijos. Ese día MI VIDA CAMBIÓ PARA SIEMPRE. ¡Y nunca he sido igual!

Todo lo que voy a compartir en los próximos breves- inspiradores-pero prácticos- capítulos, son para ayudarles audazmente a llegar a la raíz de los problemas que las MUJERES están luchando silenciosamente, sobre la negación o simplemente cosas que no conocen; por lo tanto está afectando cada aspecto de sus vida. Si ha estado afectando su identidad, soltería, salidas, su compromiso, matrimonio, maternidad, relaciones interpersonales con su familia, incluyendo los hijos, una separación, o una temporada de divorcio; o si eres un HOMBRE tratando de entenderlo: entonces este libro es para ti!

¡Permítame servir a tus necesidades compartiendo la jornada, los secretos y las cosas prácticas para RENOVAR y llevarte a la mejor vida que DIOS hizo para ti! Permítame tener una conversación personal aquí contigo. Hubiese deseado tener a alguien que me diera una guía como esta para seguir paso a paso, pero no la tuve.

Pasé por una temporada de dos años, desde agosto de 2014 hasta septiembre de 2016, sólo para ahora poder crear un libro como este para ayudar a las mujeres (u hombres) y ayudarlos a volver a la vida originalmente diseñada para ellos. Estos dos años embarcaron muchos detalles, viajes y revelaciones, amistades, incluida la renuncia a ser una oficial de policía del Departamento de policía de la ciudad de Nueva York. Tuve que dedicarle su propio libro a esa experiencia para ayudar a cualquier **mujer**, o cualquier **hombre** a ayudar a su pareja a comprender las revelaciones más profundas que llegaron a mí directamente de Dios. ¡En este libro intentaré mencionar el proceso central, dentro de esos dos años, que tuve que seguir para ayudarte a ti a volver al plan original destinado por El Creador!

CAPÍTULO 1
HE ESTADO ALLÍ TAMBIÉN

Al igual que en matemáticas el denominador común fui yo y siempre he sido yo en todo lo bueno o malo que esté sucediendo o ha sucedido en mi vida! Entonces fue necesario que el cambio comenzara conmigo, para poder impactar o ser la diferencia en todo lo que era, mal o bien en el momento. Por lo tanto, el denominador común eres tú y el cambio debe comenzar contigo!

Eso puede sonar como un "cliché", pero ¿adivina qué? Es donde necesito que comiences para poder servirte con excelencia y puedas ver los frutos de tu vida como transformadores después de leer este libro. Así como yo, las personas notarán el cambio en ti también.

Ahora, yo sabía que tenía tanta necesidad de un gran avance en mi vida que no quería volver al "viejo yo". Así que mis amigos, deben estar seguros sobre un verdadero cambio genuino porque cuando lo estés, ¡tu vida no será la misma! Ese cambio excepcional era lo que yo estaba esperando, lo que anhelaba y no quería dejar pasar más tiempo y sentir otro fracaso en muchas áreas de mi vida. Como humana, entendía que las relaciones son importantes, nadie está en este mundo por su cuenta, y quería que todas las relaciones en todos los ámbitos fueran sanas radicales, no solo normal según el estándar y las normas de la sociedad.

Sabía que lo imposible podría pasar a través de mí! Ahora sé que todo se debe a Dios, las posibilidades viven en mí.

DEMASIADO SENCILLO PARA SER EFECTIVO.

Cuando me di cuenta de que mi educación infantil estaba infiltrando mis caminos como adulta- eso llamó mi atención. Literalmente hice una lista con dos columnas en un sencillo papel. La primera columna: Todos los malos momentos o situaciones que puedo recordar de mi infancia, una línea en el medio para dividir la página, y la columna de enfrente: "¿Cuáles son los impactos negativos que afectan mi carácter" hoy en día como adulto? Esto definitivamente puede sonar demasiado sencillo para ser eficaz. Bueno, puedes sentarte allí y criticarlo, o puedes sentarte allí y probarlo. Sólo al intentarlo tu misma/o, identificarías su efectividad. Lo que estas columnas me ayudaron a ver, sería lo mismo para ti! Podrás ver las raíces de cada problema o situación que estabas enfrentando en el momento de esa situación, o que estás enfrentando ¡ahora mismo! Y te compartiré lo más impactante, un punto de ruptura en mi vida, de mi pasado, que escribí en el lado de "MALOS momentos" de la columna. "A la edad de 12 años mi papá engañó a mi mamá. Una y otra vez, mami lo perdonaba tantas veces, pero finalmente decidió dejar a papi por última vez." Cuando comencé a analizar el impacto negativo que esta situación tuvo en mi carácter como adulta, mientras escribía esta lista, me di cuenta de algo que involuntariamente mi mamá había hecho. Hasta ahora vivo bajo esta siguiente revelación de ese momento, la cual me fui en llanto otra vez. Mi madre nos había inculcado a mi hermana y a mí, desde una raíz de sentimientos de mucho dolor, a crecer y aprender a ser la Sra. Independiente en todas las formas posibles, de una forma de dejarnos saber "no necesitábamos un hombre para hacer cualquier cosa por nosotras" y que cuando llegue el matrimonio, llega y punto, pero para entonces sabremos cómo hacerlo todo. (Solo estoy parafraseando el sentir de lo inculcado en nosotras). Ahora, incluso darme cuenta de que esto fue un impacto negativo en mi carácter fue impactante. Ahora recuerden, que el corazón de mami, aunque herido, estaba enseñándoles a sus hijas lo que ella entendía ser lo mejor para que no sufran en un futuro, y papi, como padre era y es ejemplar. Ahora sé que fue Dios quien me lo reveló la revelación mencionada y lo colocó en mi corazón. De repente pude darme cuenta de nuevo que si TODAS mis relaciones pasadas se han vuelto malas o tóxicas de alguna manera u otra, **el denominador común era YO.** Por lo tanto, tuve que darme cuenta de que hay muchas áreas en mi vida, en mi interior, que necesitaba darle la oportunidad de aceptar el cambio. El área de señora independiente era una de esas que estaba causando consecuencias negativas. Nadie pierde nada por intentarlo. Lo peor que puede suceder, si "el cambio" no funciona, siempre puedo volver al "viejo yo". Pero estoy segura de que eso no sucederá, ni te pasará por alto después de leer este libro.

> *el denominador común era YO.*

Por otro lado, todavía elegí hacer una columna de todo lo que creía eran buenos momentos o situaciones en mi infancia, la palabra clave "creía", y de la misma manera, en la otra columna sus consecuencias e impacto en mi carácter. Esto me ayudó a ver que algunas enseñanzas de mi crianza me permitieron construir algunas de mis áreas de fuerza que puedo ejecutar hoy día, y del mismo modo algunas que creía que eran buenas y todavía traían un impacto negativo a mi carácter en ese momento. Entonces, esto me llevó a la segunda tarea sencilla que tú podrías decir: es demasiado sencilla para ser efectiva, pero nuevamente hice esto también, y me cambió la vida. Yo seguí adelante y escribí una lista de todo aquello que a mi entendimiento veo como debilidades y otra columna de mis áreas de fuerza. Al hacerlo pude analizar cada una de ellas, una por una, *y ver cómo algunas de nuestras debilidades son fuerzas ocultas.* El proceso de analizarlo, además de llevarlo a Dios en oración (tener una conversación con Dios, pero compartiré sobre eso más tarde) fui a través de cada palabra / frase y buscaba más profundo, y pensaba-

¿de qué manera "esto" puede ser una debilidad o una área de fuerza en mi vida, y para servir a qué propósito en mi vida o en la de alguien?

Esto me llevó a la tercera sencilla tarea que hice: ver si mis puntos fuertes actuales aclararían mi propósito y destino en mi vida. Para mí, se aclaró mucha confusión, y si respondieron muchas de mis preguntas y si te tomas tu tiempo y haces esto definitivamente te ayudará a acercarte mucho más a tu llamado/vocación, propósito, y el destino en tu vida.

RECUERDA:

"¡NO ESTÁS AQUÍ EN LA TIERRA SOLO PARA EXISTIR!

Hay un PLAN MÁS ALLÁ de tus situaciones, enfermedades, circunstancias y preocupaciones".

pudiera tener preguntas sobre ellos. Yo les recomiendo a todos que también lean: **Ordenar mi mundo privado por Gordon McDonald, Calma mi corazón ansioso por Linda Dillow, y Feminidad Bíblica por Christie Cole. Los hombres y las mujeres deberían leer estos libros.** Lo que me di cuenta como mujer de fe, es que la Biblia es la voz de Dios, y ahora no pararía de leer la fuente real de todos estos otros "grandes" libros que existen por ahí. (En el negocio de redes de mercadeo, recuerdo que nos instaron a leer libros de autoayuda; lo que también significaba que sabían y entendían la importancia de alimentar la mente).

> "La mente tiene que estar ALIMENTADA para causar CAMBIOS".

A partir de ahí, esto se convirtió en una tarea muy importante para mí, y una difícil de igual modo. No me gustaba leer. Sabiendo que un hábito tarda 21 días en desarrollarse, decidí leer mi Biblia al menos 5-10 min diariamente, por las mañanas y por las noches, y a la vez un libro cristiano (especialmente los que he mencionado anteriormente), por lo menos 10 min después de leer la Biblia. Hice esto constantemente, sin pausa, durante 21 días corridos. Esta disciplina implementada se convirtió en un hábito, y se alargó a un hábito de 6 meses, y por ende en mi estilo de vida. Lo que ocurrió después de esto, mientras le pedía a Dios en oración que ponga el amor por la lectura dentro de mí, es que literalmente comencé a amar la lectura. Al leer, una vez más, tanto así que hoy en día leo unos 2-3 libros al mes con el poco tiempo libre que tengo, que no es mucho, pero me aseguro de dedicarle tiempo a la lectura y tú también puedes hacerlo! Esto también me permitió experimentar el poder de la oración, e incluso con las cosas más pequeñas y detalles ante el Señor. Además, pude ver y experimentar el poder de la Biblia y sus principios.

Después de que pueda alcanzar estos pasos básicos, algo masivo comienza a suceder dentro de ti, tu amor por Dios crece. El impacto masivo de esto es que tú comienzas a amarte a ti misma/o nuevamente porque Él (DIOS) nos creó. Sólo el creador de algo puede comenzar a describir el producto y todas sus funciones. Yo comencé a conocerme aún más y quién era yo a través de la palabra de Dios, ¡y tú también lo harás!

Empecé a leer los cuatro evangelios en el Nuevo Testamento de la Biblia; subrayaba cada característica de JESÚS que veía a través de mi lectura. Luego comencé casi simultáneamente leyendo Salmos y Proverbios como parte de mi rutinas de oración en las mañanas, luego Romanos, y 1ra y 2do de Corintios para estudiar más tarde en el día. De nuevo, estaba haciendo esto por mí, y estaba decidida a descubrir la verdad detrás de vivir una vida de plenitud a través del conocimiento del plan original sobre mi vida la cual casi no se mencionaba.

CAPÍTULO 3

¡DEBES DESINTOXICAR LO QUE CREÍAS QUE ESTABA CORRECTO!

Nosotros, como humanos, no tenemos idea de cuántas cosas fueron plantadas e inculcadas en nuestras vidas desde nuestra infancia. Tendemos a no regresar atrás y darnos cuenta de cuánto nos están afectando las cosas que aprendimos del pasado. Todo ese "mal" lo traemos y lo arrastramos hacia nuestras vidas, nuestro matrimonio, nuestros hijos y todas nuestras relaciones en general. Te diré el secreto; necesitas literalmente DESINTOXICARTE! Des- aprende las cosas aprendidas, limpiate de lo que crees que es correcto y deshazte de casi todo, si no todo, en relación a esta vida distorsionada, que ya sabes que estás o podrías estar viviendo lo mismo de nuevo. Supongo que ahora sabes que las relaciones tóxicas y la falta de comprensión de tu diseño es un problema actual, o una área que necesitas mejorar, o simplemente deseas obtener más información, y encontrar una solución al problema de raíz que no te deja vivir la vida que mereces.

A continuación se enumeran los pasos que tomé para desintoxicarme.

A. Soy muy visual, así que volví a esa LISTA de los impactos negativos y positivos y yo literalmente oré a Dios para ayudarme a ser abierta en las áreas que pensé que eran correctas y abrir mis ojos para ver e iluminarme cuando hubiera áreas que deberían mejorar.

B. Tomé la decisión de dejarlo todo cuando pertenecía a una área que yo reconocía necesitaba ayuda para comprender más de quién era yo y las cosas que he aprendido.

C. A través de mi vida cotidiana cuando hablaba con cualquier persona, mujer u hombre, fui cuidadosamente pensando en mi proceso de pensar, intencionalmente viendo de qué raíz está saliendo.

Por ejemplo; si un hombre me sostenía la puerta, y estaba lista para tomar la puerta de su mano y decir "no gracias, yo la tengo." Me detendría y simplemente pensaría y diría en mi mente "quiero responder de esta manera, pero haré lo contrario. Por lo tanto, mi respuesta literal será: "oh, muchas gracias, señor" al pasar por la puerta que el hombre mantendría abierta. Debo empezar a hacer intencionalmente las acciones opuestas en ciertas cosas, engañar mi cerebro, mis hábitos y mis viejas costumbres, lo que abriría espacio para preparar mi cerebro para la nueva información necesaria y no estar conforme a las viejas formas. ¡Esto no es fácil, pero es posible!

> **"¡DEBES SER INTENCIONAL!"**

D. Nunca dejé ir esos libros que mencioné anteriormente porque se ocuparon de desintoxicar mi interior. Si en cualquier momento necesitaba ánimo, o parte de mi diario autoexamen, yo volvía a esos libros y a mis puntos subrayados o resaltados que habían ministrado a mi corazón.

CAPÍTULO 4

FUI SABIA Y DE MENTE ABIERTA LO SUFICIENTE PARA TOMAR LA DECISIÓN AUDAZ DE ENTENDER "EL ALMA"

Seguí y estudié muy de cerca diferentes predicadores que realmente entendían el alma. Mi favorito de todos los tiempos por el momento y muy estimado hasta el día de hoy, que descanse en paz, es el Dr. Myles Monroe. Yo nunca olvidaré la forma en que uno de sus ejemplos para entender el alma, fue grabado tan profundo en mi mente, que mi vida nunca fue la misma. Él lo explicó con tres individuos de la congregación. En el momento que vi esto en una plataforma llamada YouTube. El ejemplo que usó fue de esta manera: un individuo representó el CUERPO, otro individuo estaba parado en el medio como la representación del ALMA, y el tercero era el ESPÍRITU (en este caso el ESPÍRITU SANTO). Esto simbolizaba a una persona cuando le permite a Dios entrar en su corazón al aceptar al Señor Jesucristo como su salvador. En ese momento el Espíritu de Dios viene a vivir en la persona. Así que ahora la persona tiene su ESPÍRITU HUMANO COMBINADO CON EL ESPÍRITU DE DIOS)

Entonces explicó cómo todos nuestros sentidos traen información al CUERPO (la primera persona posicionada). El CUERPO la transfiere al ALMA (la persona que estaba en el medio), pero se detuvo para explicar que el ALMA es la MENTE/INTELECTO, la VOLUNTAD y los SENTIMIENTOS/EMOCIONES (también la consciencia y la subconsciente). Luego se supone que el ALMA llevará la información recibida al ESPÍRITU (el tercer individuo) para ver si le agrada a Dios, para buscar guía de nuestro CREADOR a través de Su Espíritu. Ahora bien, ahí es que elegimos ignorar o escuchar. ¿Por qué? Porque todos POSEEMOS LA VOLUNTAD (libre albedrío). Decidimos escuchar el consejo que EL ESPÍRITU NOS ESTÁ DICIENDO, cuyo consejo es DIRECTO DE LA BIBLIA, la Palabra de Dios. Muchas veces nuestra VOLUNTAD toma el control y sólo se da la vuelta e ignora el ESPÍRITU (la tercera persona posicionada). Simplemente le dice al cuerpo que actúe de esta manera o de aquella basándose en las emociones e ignorando lo que dice el ESPÍRITU. De la misma manera, la parte del ALMA -la mente- que recibió la información de los cinco sentidos, pasa esa información a nuestra consciencia y subconsciente. Por lo tanto debes rechazarlo o aceptarlo; porque uno u otro se manifestará, USTED actuará en consecuencia a esa decisión. Permítanme intentar visualizar el escenario a continuación (de las tres personas posicionadas):

En este punto, entendí aún más, cuando explicó que el diablo TRABAJA DENTRO Y A TRAVÉS DE LAS ONDAS DEL AIRE (a través de la MÚSICA, ESPECTÁCULOS O PROGRAMAS, PELÍCULAS, CONVERSACIONES y más). El diablo, el enemigo, quiere llegar a tu subconsciente, que está en nuestra mente/intelecto. Por ende, está en nuestra alma, con la esperanza que la voluntad pueda decidir, y que el cuerpo pueda responder a su manera. El enemigo hace esto a través de todo lo que se conecte a tus cinco sentidos.

Si esto no te sacudió, ¡a mí sí me sacudió! En este punto, elegí tomar decisiones drásticas en mi vida a partir de ese momento y comenzó exactamente con eso: ¿Qué música estoy escuchando? ¿Está alimentando mi alma con cosas insensatas o haciéndome más susceptible a escuchar la palabra y la voz de Dios? No solía leer mucho, pero ¿qué estaba leyendo? Supe que al leer aquellos libros útiles que mencioné anteriormente, ahora iba estar alimentando mi alma de un buen modo. Además, comencé a pensar con quién estoy constantemente rodeada, y ¿algún impacto en mí al escuchar sus palabras y sus conversaciones? Y por último, ¿qué estoy viendo?

Estos son solo algunos ejemplos de los cambios drásticos a considerar. Debes hacer y responder preguntas a ti misma/o.

Compartiré una decisión drástica impactante para mí; paré de escuchar música mundana. Lo corté por completo fuera de mi vida, especialmente salsa y bachata (música tradicional hispana)... Quizás preguntarás el por qué o me llamarías radical ¡Déjame explicarte! Me di cuenta de inmediato en el momento en que intenté escucharlas de nuevo, que me recordarían a cualquier ex-novio que tuve, o me pondría de mal humor, o la tristeza me invadía. Estaba claro que esto no es saludable para alguien que intenta cambiar sus formas. Así que nunca más puse voluntariamente este tipo de música en mi vehículo, en casa, o en el trabajo por elección.

Empecé a escuchar cualquier cosa que pudiera alimentar mi alma correctamente y esa fue la música de alabanzas para mí. Debes darte cuenta de lo que es bueno para tu alma. (Es posible que parte de la música no necesariamente diga un montón de maldiciones en las letras, por lo que puedes suponer que no está mal escucharlas. Pero, si no está levantando tu espíritu, entonces podría ser que no sea de beneficio para ti). Esto es un principio bíblico en 1 Corintios 10:23 (simplificado): **"Todo está permitido en la vida, pero no todo es beneficioso".**

Como puedes ver, comprender el alma me llevó a una desintoxicación más profunda que no tenía idea de que me pasaría. Imagínate la tuya.

"Todo está permitido en la vida, pero no todo es beneficioso".

CAPÍTULO 2

¡ESTABA EN NEGACIÓN!

Estaba decidida a encontrar un cambio y un estilo de vida saludable en mi futuro, destino, propósito y en general todas mis relaciones. Recordé que todas las personas exitosas tienen una cosa en común, al menos el 99% del tiempo, ellos leen. Ellos tienen un hábito constante de leer, alimentar sus cerebros. Ahora, entiendo que muchas veces los libros que están leyendo son libros de autoayuda, con principios bíblicos que alejan o extraen a Dios de cuyos libros. Ahí me di cuenta de la importancia de leer la Biblia porque es la fuente real de donde salen muchos de estos "grandes" libros de autoayuda. Además, seguí leyendo otros libros, principalmente cristianos, para ayudar mi entendimiento acerca de algunos de los principios bíblicos que todavía

Ordenar mi mundo privado por Gordon McDonald, Calma mi corazón ansioso por Linda Dillow, y Feminidad Bíblica por Christie Cole. Los hombres y las mujeres deberían leer estos libros.

CAPÍTULO 5

COMENZAR UNA VIDA DE ORACIÓN, DE FORMA RADICAL Y AUDAZ

De una manera radical y audaz, significa cuando faltas a algunas actividades o invitaciones, para estar en una habitación sentado, escuchando la voz de Dios (y Dios puede hablar de manera diferente a cada persona). Personalmente, tuve que entrar en lo que llamo "EL TIEMPO DE LA CUEVA". Recuerdo que este fue un punto en mi vida en el que quería cambios radicales, en mi fe, en mi caminar, en mis decisiones, en mi todo y pensé que querer más o estar ocupado mientras hacía más era la solución, y en realidad, era al revés.

> "PARA TENER MÁS EN DIOS DEBES APRENDER A HACER MENOS POR UNA TEMPORADA"

No me di cuenta de que Dios me estaba poniendo en un tiempo de CUEVA para permitirme ser despojada de todo. Dios me habló a través de la oración directamente a mi espíritu, y a través de la Biblia dos veces. Allí me pidió que renunciara a mi trabajo actual en ese momento como oficial de policía para el Departamento de Policía del Estado de Nueva York. (Comparto encuentros personales directos y experiencias que DIOS me mostró mientras estaba en el departamento. Esto lo hago porque quiero compartir con mujeres como tú–o tu pareja o mujeres que conozcas- y estar libre de más batallas internas con las que están lidiando; en el libro dedicado: DESPOJANDO EL CHALECO cuyo libro será el próximo en salir). En ese momento solo tenía unos 10 meses en el departamento cuando la decisión de dejar el departamento comenzó a marinar en mi corazón.

> *"Pero cuando DIOS requiere un cambio drástico de tu parte, ÉL te respaldará y te ayudará a finalizar esa decisión".*

Noté que esa misma semana comencé a sentir que mi pasión por el trabajo estaba disminuyendo, no queriendo ir al trabajo de la misma manera que lo hacía, tan contenta, unos días antes. Luego entendí que DIOS estaba preparando mi corazón para la transición que estaba a punto de experimentar de una vez que dejé el trabajo unos tres meses después. Como el buen PADRE que es, cuida a sus hijos. Tenga en cuenta que ya estaba en una vida de oración constante. Tenga en cuenta que no dije una guerrera de oración consistente, no dije suprema, sólo consistente en este punto–que construí impulsándome para hacer todo lo mencionado en los capítulos anteriores.

Tres meses después de "preparar mi corazón para la transición", Dios me habló dos veces más y fue claro como el día, acerca de salir y renunciar. Él me dio dos sueños seguidos donde Dios dijo en español: "Te pongo en una **cueva** como Elías, para que **me conozcas** un nuevo nivel". En segundo lugar, me habló a través de su Palabra con dos versículos bíblicos diferentes. Eso atravesó mi corazón. Renuncié el 29 de enero de 2016. Mi "tiempo de cueva" dentro de estos dos años donde el me estaba "DESPOJANDO EL CHALECO" comenzó a profundizarse aún más. ¡Dios tuvo que desarraigar algunas cosas cementadas e iba a usar mi tiempo libre, de la misma manera que usará tu tiempo dedicado únicamente para este propósito!

¡Desarraigarte!

Comencé a estudiar la Palabra aún más, ayunando *(absteniéndose de la comida y el agua durante unas horas para desconectarse del mundo y conectarse más con Dios)*. Comencé a escribir en un diario para tener registros de mi proceso, entendiendo que algún día vería los frutos de este momento, como una vez escuché de Kim Walker. Pero el diario también fue el proceso de desahogarme, y no necesariamente hacia las personas. Poco sabía que mis diarios obtenían muchas partes de mis libros. También, escribiendo mis oraciones y sus cumplimientos en su debido tiempo. Empecé a ver más predica en la plataforma llamada YouTube, escuchando música de adoración todo el día. Mis rutinas en los días de la iglesia eran: despertar temprano, orar, leer la Biblia, leer mis libros cristianos, escribir en un diario etc., pero omitiendo muchas invitaciones sólo para quedarme en casa. La mayoría del tiempo me mantuve enfocada en mi habitación (como vivía con otros miembros de la familia, y aunque compartía habitaciones, una vez que estaban fuera, me encerraba yo en ella, con su permiso). Entonces, si hubiera un servicio o culto, iría a la iglesia y vendría de vuelta a casa. Entienda, que esto me era necesario, ya que cada oportunidad que tuviese, estaba afuera con mis amistades. Estaría pasando el tiempo con ellos, sin saber como pasar el tiempo en casa o sabiamente para mi crecimiento personal.

> **"Sé que puede sonar radical, PERO quería un cambio radical"**

Además, Dios me dijo que no sólo dejará el trabajo de NYPD (El Departamento De Policía de Nueva York), pero que me retirara del Ministerio. Esto fue todavía era Él como un buen Padre cuidando mi vida espiritual y asegurándose de que no me agotara en servir a la iglesia o muchas áreas a la vez sin cuidarme yo. Dios sabía que yo necesitaba un descanso antes de Él dejarme de vuelta al ministerio y a su tiempo.

No renuncié al ministerio ni a nada de lo que hice esperando volver a hacerlo o involucrarme pronto. Al contrario, yo solamente quería disfrutar del proceso completamente y dejar que DIOS sea DIOS. Fue ahí cuando comencé a tener revelaciones más profundas que superaron mi comprensión, pero hasta hoy me ayudaron a seguir adelante. Uno de ellos fue:

> "El CONTENTAMIENTO está unido a disfrutar TU TEMPORADA DE AHORA... y en esta TEMPORADA APRECIA todo lo que tienes y NO TIENES. Llegué a un estado interno en el corazón donde no quería nada más que a CRISTO"

CAPÍTULO 6

¡REVELACIONES DIRECTAS DESDE EL CIELO!

Esto fue enorme para mí, ¡y TODAVÍA LO ES! Debes prepararte si en verdad lo tratas. Recuerdo empujarme más allá de mi norma y sentarme en una habitación oscura para simplemente hablar con Dios. Oh, sí, leíste correctamente: una HABITACIÓN OSCURA. Me di cuenta de que muchos de nosotros tenemos miedo de estar sentados y quietos. Pero aún más de estar en un lugar oscuro, sin distracciones, luces apagadas, sin música, donde todo lo que escuchas es tu respiración y tus palabras. Comprendí que esto era parte de mi desintoxicación interna y que realmente quería aprender a estar quieta y conocer que Él es Dios. El "conocer" algo o alguien, significa que hay una acción involucrada, por lo tanto:

1. La revelación fue que: hay un movimiento en Su quietud. Al estar quieta en su presencia aprendes a escuchar su voz. Yo comencé a sentir que el Espíritu de Dios me revelaba muchas cosas internamente. Recuerdo un momento de sólo llorar. Esto fue un momento en que Dios me permitió ver una

"película" retrospectiva de mi vida y mi pasado y la forma en que mi pasado había afectado quien era hoy día. Vi que todavía habían raíces las cuales no quería aceptar, porque vivía en negación como si ciertas acciones y características estaban "OK". Muchos hacemos lo mismo. Y ahí es cuando vino la segunda revelación.

2. ABSOLUTAMENTE NO ES BÍBLICO ser Ms. Independiente (o la Señorita Independiente). Si no ponía de mi parte a llegar a un cambio genuino en esta área, no hubiese habido razón para que Dios me lleve a cualquier otros nuevos niveles en Él. El impacto hubiera sido que hubiera estado renunciando a cualquier hombre en mi vida y no someterme a ninguna autoridad, la cual es rebelión. Esto siempre es difícil de ¡CAPTAR! Déjame intentar simplificarlo. Lo más que empecé a aprender a depender de Dios, y honrar la esencia de Dios siendo un caballero, un proveedor, un Dios amoroso; yo sería capaz de honrar exactamente las mismas cualidades en un hombre que ya posee tales diseños dado por Dios desde la creación. Esto se logra mientras aprendes a DEPENDER de Él (DIOS).

3. Lloré tanto cuando me di cuenta de cuántos hombres (familiares, amistades, o parejas) en mi pasado probablemente había herido. Dios no estaba trayendo esto a la superficie para condenarme, pero para curarme y permitir que yo vea el valor de liberarme de tal falsa doctrina. ¿Cúal? La cual aceptamos por parte del mundo y su sociedad para inculcarnos, aun usando la bíblia, el que no honremos a los hombres en nuestras vidas.

> "No está bien afirmar ser una mujer de DIOS y actuar exactamente de la misma manera que el mundo quiere que las mujeres actúen – ESTANDO CONTRA O PISOTEANDO A LOS HOMBRES" HAY FUERZA en aprender el orden establecido por DIOS del PLAN original de Dios desde el principio"

Estas fueron tres revelaciones principales que me llevaron a tener hambre de BUSCAR SU PALABRA AUN MÁS.

Continué indagando más, estudiando más, y de hecho fue lo que hice a continuación. Pero antes de pasar al siguiente punto, permítanme compartir las OTRAS REVELACIONES QUE SALIERON DE ESTOS "MOMENTOS DE QUIETUD", que me llevaron a la intimidad como nunca antes con mi DIOS, y Él puede hacerlo contigo.

No están enumerados en un orden específico, aquí están más de mis revelaciones que también puedes quizás experimentar:

- Él (DIOS) es verdaderamente mi Padre, no importa lo que haya pasado con mis padres terrenales o lo que hayan hecho.

- Hubo cadenas rotas de maldiciones generacionales transmitidas por la familia que no tenía idea de que existían. Pero oré y las eché FUERA de MI VIDA (ejemplos de maldiciones en una familia: alcoholismo, esclavitud a la lotería, creyendo en los santos y la santería).

- Otra revelación fue que pude aprender a ser como un niño. Es verdad no lo sabemos todo, y está bien. Aceptar que todavía estamos aprendiendo.

- En general, siempre vístete del amor

- Dios ha ABIERTO mis ojos (Espiritualmente hablando, a menudo estamos cegados)

- La verdadera sumisión y dependencia en Cristo es una FUERZA/PODER.

- Aprendí a desconectar el ruido de mis alrededores.

- Satisfacción aprendida en TODAS las estaciones de la vida. NO QUEJARSE.

- Aprendí que en momentos de sentirnos lo más bajo es donde Dios glorificará.

- Ser fiel incluso con tus pensamientos.

- Un hombre elige a su esposa, no forzamos, nosotras no perseguimos.

- Aprendí a nunca rendirme, perseverar

- El Señor cuenta contigo, cuando llegan las aflicciones a tu vida y Él espera ver tu manera de resistir.

- Aprendí que cuando obedeces contra todo pronóstico o viento y marea, ves las manos de Dios sobre tu vida.

- Aprendí lo que significa ser ¡Un cuerpo en Cristo unido!

- Ahora sabes que Dios y sólo Dios está en CONTROL en su soberanía y perfecta voluntad!

- Aprendí a ser una guerrera de oración.

- Aprendí a DEJAR IR y DEJAR A DIOS, rendirle todo.

- Cuanto más profunda sea la base, mayor será el rascacielos, así como la flecha debe volver primero atrás antes de seguir adelante.

- Sabes que en tu intimidad Él permitió que vea cosas ocultas y profundas para que te conviertas más como Él.

- ¡No sigues las reglas hechas por el hombre! Estás haciendo cosas al revés / contraria pero con ¡PROPÓSITOS! (Obedeciendo el camino de Dios, Su manera).

- Recuerda en todo momento que ¡El fuego te refina!

- Dios evaluará a las personas dependiendo de su llamado/ propósito.

- Recuerda que primero perteneces a Dios. SOBRE TODO, TU PRIMER AMOR Y TU CORAZÓN ESTÁ EN SUS MANOS, ¡El Lugar Seguro!

- Muchas veces debes de GUARDAR cosas en tu corazón, sin tener que siempre compartirlas con otros.

- Él cuida de ti y de tus bendiciones, mientras cuidas de Sus asuntos, asuntos del Reino, buscándolo a Él primero.

- Orando desde la posición de Victoria, manifiestas lo Espiritual a lo natural.

- ¡Cuando soy débil, Él es fuerte!

- Sé fiel con las cosas que pertenecen a otros, da lo mejor de ti en TODO lo que hagas.

- En aguas profundas, las aguas de riesgo, es una cita divina, preparada para que lo conozcas más profundo, personalmente, y ver Su Gloria.

- Nuestras promesas están a nuestro alcance, no en nuestras manos- ¡Muévete en oración! -P. Shirer

- Mira a los demás como un padre mirando a un niño. Así es que Dios los mira.

- Aprendí quién es Dios, y su esencia, Su carácter, lo que significa que fui hecha a Su imagen y semejanza.

PUNTO CLAVE: Las REVELACIONES anteriores fueron dadas a mí durante un tiempo diferente de oración, leyendo, simplemente sentada, sueños, visiones y más. Por lo tanto, literalmente tenía una hoja suelta pegada a mi pared junto a mi cama con un bolígrafo cerca y cada vez que se mostraba una nueva revelación, las escribía. Leía toda mi lista de día y de noche, hasta aproximadamente un año y medio después, que fue cuando mi persona/carácter realmente comenzó a parecerse un poquito más al de Jesús que me rescató. Le recomiendo que haga lo mismo.

CAPÍTULO 7

ESTUDIA EL FEMINISMO

> "¿SERÁN LOS PATRONES BÍBLICOS Y LAS BATALLAS QUE ENFRENTARON EN AQUEL TIEMPO, LAS MISMAS QUE ENFRENTAMOS HOY?"

La respuesta a esa pregunta es sí. Llegué a comprender que cuando el enemigo nos ataca de una manera, y funciona, intentará seguir usando esa misma táctica porque funcionó la primera, segunda, o tercera vez. De la misma manera, desde el principio, el diablo vio a las mujeres, (Eva siendo la persona simbólica para todas las mujeres en diseño y llamado), fue engañada usando una táctica y estrategia y funcionó. Él sigue usando la misma táctica incluso hoy en día contra todos nosotros.

Recapitularé los puntos claves del feminismo que me ayudaron, abrir los ojos. De igual modo pondré La Palabra de Dios entre estos puntos que me ayudaron a tener una comprensión más clara.

El núcleo del feminismo es lo que necesito traer a memoria. No estamos despreciando el gran logro que las mujeres pueden tener ahora, como votar, poder trabajar, ir a la universidad para obtener un título y más. Pero quiero mostrarte cómo "algo" que está destinado para un bien, al igual que muchas otras cosas buenas en el mundo con buenas intenciones, el enemigo intenta distorsionarlas y anima a los humanos a abusar de sus propósitos.

> **"Cuando no conoces el propósito de algo, es inevitable no abusar de él"** –Dr. Myles Munroe

La verdad es que "durante más de 50 años, el movimiento feminista, ha promovido que las mujeres tomen el papel de los hombres. Esto no es diferente a que a Dios no le guste que los hombres actúen como mujeres". Esta fue una frase que leí en un documental hace años que siempre permanece conmigo.

-El feminismo está tomando el diseño dado por Dios y llevándolo al extremo de abusar de él y usarlo contra los hombres, los mismos hombres que anhelas, mujer.

-El feminismo va en contra de muchos principios bíblicos. Cómo ser verdaderamente la contraparte de su compañero, no una competencia sino una cooperación, y no siempre tenemos que estar en lo cierto o tener la última palabra.

-Mujer (u hombre) protejan su corazón por encima de todas las cosas. No somos físicamente más fuertes, pero podemos ser un apoyo emocionalmente más fuerte para cualquiera, especialmente los hombres.

-Enfréntate al miedo para que tus hijos escuchen sus promesas-ilimitadas. Las mujeres seguras enfrentan sus miedos y en eso, a veces encuentran su fuerza. Dios NO está interesado en las áreas donde eres fuerte y Él es débil. Él quiere ser fuerte en tus debilidades.

- ¡Estamos formadas para su gloria!

- Las mujeres seguras saben cómo manejar su espada (LA PALABRA); a nosotras como hijas: necesitamos transferir HONOR, GLORIA, LEGADO y TÍTULO con el uso de la palabra de Dios

- ¡Somos la gloria de los hombres! Eso debería ser para todo hombre. (La mujer soltera necesita ser la gloria de los hombres en sus vidas, por ejemplo: su hermano, su pastor y su mentor)

- ¿Qué es GLORIA? Lo que inspira asombro, maravilla o esplendor; ¡asombroso!

- Las mujeres pueden acercar a su esposo a diferentes cosas–INFLUENCIA. (Tenemos el don de una influencia saludable). Influencia saludable, a menos que abusemos de esto y le demos un uso poco saludable.

- Las mujeres seguras protegen el corazón del hombre. De acuerdo a Proverbios 31:11, "El corazón de su esposo confía en ella de manera segura, por lo que no tendrá falta de ganancia." Si nos enfocamos en actuar y ser como hombres, realmente no estamos protegiendo nuestro corazón, ni el de ellos. Estamos permitiendo que una puerta abierta nos engañe en diferentes asuntos emocionales, románticos y espiritualmente.

- Construya su matrimonio, su relación, señalando las fortalezas de cada uno.

- Para luchar también contra la "mentalidad feminista", leo y estudio: el libro "La feminidad bíblica" (Biblical Femininity) en una escala más profunda la segunda vez, subrayando y orando sobre temas en los que me di cuenta de que necesitaba ayuda.

El pecado mayor de los hombres, según Génesis, justo antes de la caída de los hombres, es la pasividad. Adán podría haberle dicho a Eva las instrucciones que recibió del Señor. Adán estaba allí, pero dio un paso atrás y dejó entrar la pasividad. Por lo tanto, hemos visto a lo largo de los años y hasta el día de hoy que a muchos hombres les resulta difícil pararse firme en su masculinidad, rol y función.

El pecado mayor de las mujeres, según el libro de Génesis, es la autonomía. Las mujeres se engañan al comenzar a visualizar el fruto como un buen fruto, y no tengo que preguntarle a Adán si es correcto. Lo visualizo, seré como Dios, por lo tanto comeré, es mi decisión, autónoma- ¿No se parece mucho al feminismo?

Tenemos que tener mucho cuidado con la forma en que el diablo entra en nuestros hogares, nuestras mentes, nuestras vidas porque él sabe que funcionó al principio, entonces ¿por qué no ahora?

Breve testimonio, mientras todavía era una oficial de policía, lo que realmente me permitió romper una atadura en mi vida con esta actitud autónoma, fue en un día de acción de gracias del 2015. Recuerdo haberme unido a una amiga y su familia, incluyendo su hermano, a quien en ese momento estábamos conociéndonos para una posible futura relación de pareja. Recuerdo que después de cenar todos comenzamos a cantarle al Señor, orando los unos por los otros. En un momento dado una de mis amigas me pidió que orara por los pies de este joven, simbolizando su jornada y donde Dios lo llevaría. Recuerdo sintiéndome un poco incómoda, o un poco vergonzosa, pensando a mí misma "Estoy a punto de inclinarme ante los pies de un hombre". Quedate conmigo–sí, era simbólico, pero aquí estaba la "Señorita Independiente" en mí hablando. Los muchos pensamientos que el diablo pone en nuestras mentes, la negación de que la mujer no acepta tener un problema de falta de autoridad establecida por Dios- y cuando fui al piso y agarré sus dos pies y comencé a orar, ¡algo comenzó a suceder! ¡Lloré y lloré y lloré!

¡Sentí ataduras sueltas! Sentí una liberación espiritual que hasta hoy sigue siendo difícil de explicar. Recuerdo escuchar a la misma amiga que me pidió que ore por él, desde lejos, diciendo "muchachos, no sólo está orando, en este momento, está teniendo su propio gran avance interno" y eso es exactamente lo que estaba sucediendo internamente. Dios me estaba liberando de la atadura espiritual de ser autónoma. ¡Es real y activa! Como mujer, tenemos que ser intencionalmente conscientes de este gran pecado (desobediencia a lo que Dios desea sobre nuestra vida).

Permítanme compartir un resumen con ustedes sobre nuestros DISEÑOS PARA HOMBRES Y MUJERES con lo siguiente:

HOMBRES:

Prioridad: Fundación de la familia humana. Posición: Continuamente en la presencia de Dios.

Asignación/llamado: Visionario, Líder, Maestro, Cultivador, Proveedor, Protector, (más tarde después del matrimonio: apoyo financiero / apoyo emocional / e intelectual.

Necesita una COMPAÑERA: Tres necesidades principales que deben cumplirse: SEXO, RESPETO, COMPAÑERISMO RECREATIVO.

MUJER:

Propósito principal de la mujer:

Recibir amor del hombre. El propósito de Dios para crear el Espíritu –hembra y varón- era tener una relación de amor con la humanidad (GÉN. 1:28)

Propósito secundario de los dos:

Dominio sobre la tierra. Las mujeres son: potenciadores, acompañantes (una contraparte con fuerza, correspondiente a hombres y otros), buena, comparte, anima, un reflector, una incubadora.

Necesidades: AMOR, CONVERSACIÓN, AFECTO

Cosas clave e importantes que inculqué en mi mente Las enseñanzas de Myles Munroe y recordando que:

LOS HOMBRES Y MUJERES no pueden funcionar en la Armonía y eficacia fuera del plan de Dios. SATANÁS TIENE MIEDO del PODER de un HOMBRE y una MUJER unidos en la Presencia de Dios.

CAPÍTULO 8

DECLARA Y CONOCE LAS PROMESAS DE DIOS SOBRE TU VIDA

Podrías pensar exactamente lo que pensé en el momento, "todos siempre están hablando de promesas de Dios pero nadie realmente dice ¿Cómo empiezo a creerlas?"

Literalmente pensé lo mismo. O incluso "¿Cómo puedo conocerlas?

"Comencé mi búsqueda, así que necesitas comenzar tu búsqueda. Nadie más que tú debes hacerlo. La jornada de descubrir sus promesas fue exactamente el proceso que me permitió enamorarme del Dios maravilloso de los cielos.

El anhelo, la necesidad de buscar y leer su palabra más que nunca crecía cada día mientras pensaba que sólo estaba buscando promesas. He llegado a aprender que cuando cualquier libro te da una lista de muchas promesas sencillamente, no la llegamos a ¡internalizar de la misma manera! No te puedo hacer ese mal; de hecho esa es una de las razones por la cual tú, o alguien que conoces, no le va bien cuando tratan de leer devocionales a veces. No hay nada malo con ellos, pero se basan en las interpretaciones de las experiencias de otras personas. Trata de obtener tu propia experiencia y serás la/el que pueda testificar de una vida transformada un día! Ahora, lo creas o no, esto necesita comenzar empujándote a leer LA BIBLIA de una o dos maneras por lo menos: desde el principio, Génesis, éxodo, especialmente y simultáneamente leyendo Salmos y Proverbios. Mientras lees, sé observante de las promesas del Señor que resaltan de la página, y anótalas! No confíes en tu memoria, ponlo en papel donde puedas verlo al lado de tu mesita de noche Algo más que hice con estas promesas, la tomé ¡más lejos! Creé mi propio "kit" de ayuda médica. "Un kit" de emergencia para momentos de gran necesidad, o cualquier día que yo sentía necesario recordar el cambio que Dios había hecho en mi vida, y sus promesas para mí". Literalmente tomó fichas, papeles de colores de construcción y agarró marcadores y se volvió aún más creativo. Escribí algunas de mis promesas, y también cualquier versículo bíblico favorito que fue edificante.

Recuerde, esta es una caja para elevarlo/a en esos días duros o difíciles. Luego busqué una hermosa caja que me definió, pero en su lugar, elegí uno que definiera el área donde Dios estaba tratando conmigo. Porque Dios había estado tratando con mi feminidad bíblica, yo opté por usar una mini caja colorida "poka-dots", 5x5x5 para ser mi caja de emergencia (te recomiendo elegir una donde Dios está tratando contigo por igual, o si comienzas con una, puedes actualizar a otra en tu jornada).

Si ya tienes un diario, o simplemente recuerdas CUALQUIER palabra de Dios que Él te ha dado desde tu infancia hasta este momento, este es el momento de también anotarlas en uno de estos papeles y colóquelos en la caja.

Además, incluya cualquier elemento que defina la hermosa personalidad que tienes e incluso elementos que definan nuevos cambios en ti. Por ejemplo, puse una pequeña bailarina porque Dios me dio el talento para danzar y un corazón que se alegra y danza como David en la Biblia. También agregué una pequeña pieza de madera que decía "Guerrera de oración" porque vi cómo en mi tiempo en la cueva Dios me estaba haciendo una "Guerrera de oración".

Por último, comencé a asegurarme de tener un lugar establecido para yo estudiar y buscar al Señor. En este lugar, yo siempre agrego versos y cosas visuales, que cuando lo veo, me anima a buscar a Dios. En mi caso, me aseguré de que mi escritorio tuviera mis biblias justo encima, diseños de escritorio con versos, mis diarios donde puedo verlos, y más. Así es como mi negocio actual de diseño de interiores con un "divino propósito"; diseño de resplandor interior, nació (Inner Radiance Designs).

TODO lo anterior, PASO A PASO, sigue siendo parte de la jornada al interior para luego manifestar una/un mejor tú en todas tus relaciones y en tu vida. ¡Vive la vida que estás destinada/o y diseñada/o para vivir!

PEQUEÑA ORACIÒN

Si ahora sientes la necesidad de aceptar al Señor (DIOS) como su Señor y Salvador, significa que hablas en serio sobre esta necesidad que te cambiará la vida. Lo que quiere decir que estás dispuesta/o a dejar todo el control al único que tiene todo bajo sus pies, sólo Dios. Léalo bien y en voz alta, y confiésalo con la boca.

> **PADRE EN EL CIELO, SANTO ES TU NOMBRE, GRACIAS POR ESTA OPORTUNIDAD DE ACEPTARTE EN MI VIDA. TE PIDO HOY QUE ENTRES EN MI CORAZÓN, YO ACEPTO A TU HIJO JESUCRISTO COMO MI SEÑOR Y SALVADOR. ESCRIBE MI NOMBRE EN EL LIBRO DE LA VIDA Y LÍMPIAME DE TODO MIS PECADOS. AYÚDAME EN ESTE CAMINAR LLENÁNDOME CON TU UNCIÓN DE TU SANTO ESPÍRITU Y ESTE NUEVO COMIENZO. EN EL NOMBRE DE JESÚS AMÉN.**

CAPÍTULO 9

CONTENTAMIENTO EN TODAS LAS TEMPORADAS

Probablemente estarás pensando que es "más fácil decirlo que hacerlo". Y sí, tienes razón. Aprendí cuatro escrituras clave (puedes encontrar aún más dentro de las promesas que mencioné anteriormente en el libro, acerca del tema sobre contentamiento. Fueron tres las de mayor impacto que trajeron revelación a mi vida). Los compartiré contigo, pero realmente debes estudiarlos, analizarlos y declararlos sobre tu vida para que tu espíritu pueda internalizar. Las revelaciones dadas a una persona siempre serán difíciles de explicar, así que intentaré lo mejor posible!

Memoricé:

Salmos 40: 1-3

> v1 Esperé pacientemente al Señor; Y se inclinó hacia mí y escuchó mi llanto.

> v2 También me sacó de un pozo de la DESESPERACIÓN, Fuera del pozo cenagoso, puso mis pies sobre roca firme y enderezó mis pasos.

v3 Puso luego en mi boca cántico nuevo, alabanza a nuestro Dios; muchos lo verán y temerán y confiarán en el Señor.

Estos versículos mantuvieron mi perspectiva enfocada en el hecho de que nos centramos tanto en ir a la próxima temporada de nuestras vidas, o lo que queremos. Siendo así en esa temporada está de igual modo lo que no queremos, que entramos en una deseperación por nuestra próxima temporada o momentos, que realmente hieren nuestra alma (mente, voluntad y emociones). Empecé a ver en estos tres versos, aunque todo el capítulo es una bendición, de que Dios realmente se inclina a escucharme porque Él me ama y desea escuchar lo que tengo que decir. **Me saca de todos los pozos, incluso de aquellos que yo misma me entre.** Él me restablece, y no porque vaya a algún lado o a la próxima temporada, sino porque pone una nueva adoración en mis labios.

Me saca de todos los pozos, incluso de aquellos que yo misma me entre.

Alabanza (dándole gracias por las cosas que Él ha hecho), no importando la situación. Para realmente desentrañar la fealdad del sentimiento de desesperación, ves las ansiedades detrás de esto, la tristeza, la insalubridad, lástima, dolor y falta de amor propio. Pero nuestro Padre nos ama tanto, incondicionalmente, que nos RESCATA de cualquier manera. Esto comienza a formar un corazón de gratitud, satisfacción, y contentamiento en todas las estaciones. ¡Bajas o altas!

Filipenses 4: 11- Pablo dice que aprendió a contentarse; dice: 11 No es que yo hable con respecto a necesidad, porque he aprendido en cualquier estado en que me encuentre, estar contento.

Muchos ignoran la palabra "contento" como si fuera algo negativo si comienzas a decir que estás contenta/o. Como si ahora NO fueras humano y ya no sientes dolor ninguno. El contentamiento en griego significa ser realizado, lleno, pleno, y satisfecho en la vida sin necesidad de cualquier cosa externa para agregar a ese cumplimiento interno.

Gratificación total sin importar la situación. Incluso en medio de situaciones negativas, aún puedes experimentar el gozo del Señor que aún te sostiene y te ama. Pero en segundo lugar, muchos quieren ignorar la palabra "APRENDIDO." Pablo dice que aprendió a estar contento, lo que significa que nosotros también podemos. Aprendes algo practicándolo lo suficiente, la repetición, intencionalmente y disciplinándote a ti mismo. El aprendizaje viene con acción.

El Salmo 23: 1 fue clave en este proceso de aprendizaje; El Señor ES MI PASTOR, nada me faltará. Querer algo significa que tienes una expectativa de recibir algo. Recuerdo escuchar una gran enseñanza que explica el Salmo 23: 1 por la esposa de un pastor. Ella se usó a sí misma como ejemplo y dijo "ella aprendió a liberar todo expectativas de su esposo" y ahora aprecia todo lo que él pueda hacer por ella". Esto realmente me impactó! Lo llevé a un nuevo nivel más allá en una nueva revelación. No se trata de bajar los estándares en tu vida. Es verdad de la misma manera que Jesús dio Su vida, sin esperar nada de nosotros, y tener la esperanza de una relación con nosotros, igual que nosotros necesitamos liberar todas las expectativas de las personas, de cualquier relación, y dar sin esperar nada de vuelta. Además, eliminar las expectativas de todos, incluyendo al mismo Dios, porque Él no nos debe nada. Todavía no soy digna de su muerte. Él eligió dar su vida por ti y por mí. Me permitió tener realmente un corazón más agradecido. Cualquier cosa recibida, cualquier cosa hecha por mí, todo viene a mí ahora como un acto más grande de amor hecho por cualquier individuo. Incluso al punto de poder ver el amor de Dios actuando a través del individuo, incluso si fuera un extraño. Tu empiezas a ver que el único que debería tomar toda la gloria de toda buena obra, el Padre amoroso!

> **"SÓLO CUANDO LLEGAS A ESTE PUNTO DE CONTENTAMIENTO EN TU VIDA, ES QUE LLEGAS A DESCUBRIR UN NUEVO MISTERIO DEL REINO EL CONTENTAMIENTO SE ENCUENTRA SÓLO CUANDO TÚ PUEDAS PERMANECER EN LA PRESENCIA DE DIOS"**

¡Permaneces en el lugar secreto, el Lugar Santísimo! Cuando esto ocurra, tu vida girará queriendo cumplir tu llamado en esta tierra al obedecer y complacer al Señor, Tu Señor, el maestro, el Rey, y dueño de tu vida!

Entonces esto te lleva a una revelación final que te impulsa a servir al Señor donde sea que Él te llame... por lo tanto, finalmente abraza y reconoce que...

"un grano de trigo debe morir y caer en el suelo, para que pueda multiplicarse" Juan 12: 20-25

Este verso trajo la verdad a mi vida, donde reveló que hay veces que debemos ser despojados de todo para que finalmente podamos dejar que Dios restaure y resucite todo lo que quiera en nosotros. **Su manera, la manera correcta** Pude ver que yo tuve que sentir realmente como si fallara y lo perdiera todo para que Él me pueda rehacer, y ahora me hace completa y capaz de mostrar frutos en Él!

Su manera, la manera correcta

CAPÍTULO 10

¡TODO SE TRATA DE TU LLAMADO Y PROPÓSITO!

Esto es cuando el querer del ser humano, los deseos, y las cosas mundanas disminuyen en ti; de tal manera que comienzas a reclamar y a creer que realmente todo lo que importa es cumplir el llamado incluso cuando no cumples con nada más en la vida. Por ejemplo, casarse, tener hijos, la carrera de tus sueños, la cerca blanca y el vehículo de lujo. Donde tu primer amor, ahora siendo el Señor permanece en su primer lugar "con derecho a la Posición". Ya sea que tengas o no tengas, lo tienes todo porque lo tienes a Él. Entiende que tener algo más sin Él ser el primero, no vale la pena. Poner a Dios primero en mi vida me brinda la oportunidad de ver, bendecir y amar a los demás puramente. Además, entendiendo que cualquier cosa añadida a mi vida, es exactamente eso, solo complementos, no objetivos! El objetivo, el enfoque es: **¡Verdaderamente todo se trata del llamado y el propósito!**

¡Verdaderamente todo se trata del llamado y el propósito!

DISTORSIONADA

> **Propósito es cuando sirves aquello que te apasiona más. Aquello que te llena. Pero también cuando sirves las enseñanzas de aquello que te quebranto y comoquiera le diste Gloria a Dios.**

Mis amigos, hemos pasado por situaciones difíciles en nuestras vidas. Estas situaciones NO son solo para ti, para mantenerlas. Estas deben ser compartidas para ayudar a otra alma a encontrar sanidad interior, y al Dios de la paz, gozo, y amor. Para encontrar al Dios que puede restaurar tu vida que está hecha pedazos y hace de este proceso una obra maestra. Encontrar al Dios que puede enderezar la vida que está distorsionada es un privilegio. Comenzarás a tomar decisiones simples como quién, qué, dónde y por qué son las cosas que haces porque quieres que siempre y a toda costa estén alineadas con el llamado y propósito de Dios.

Comprender el hecho de que debo descubrir y cumplir el llamado sobre mi vida me permite ser radical, más audaz y siempre dispuesta a renovar mi mente sólo para Dios. Finalmente entendí que todo es de Él, por Él, y para su gloria (Rom. 11: 36). A través de todos nosotros individualmente Dios quiere mostrar su gloria y como resultado, todas tus relaciones, tu carácter y simplemente tu irradiarás y reflejarás eso! ¡Su Gloria! Siempre, Siempre, presione para reflejar el plan original de Dios que Él ha tenido para que las mujeres y hombres vivan en armonía y que todo lo hecho lo glorificará.

> **¡Era SU plan perfecto y TODAVÍA LO ES!**

Un encuentro impactante que tuve en mi vida que realmente te ayuda a ver que todo se trata del LLAMADO:

Recuerdo que en algún lugar alrededor de los 24 años, que ya servía en el ministerio, iba a un club deportivo sólo para complacer a una amiga que quería ir allí para su cumpleaños. Ella sabía que me gustaba la salsa, así que mencionó que en el lugar tocan mucha salsa. Recuerdo que ya había dejado de ir a discotecas y cualquier cosa de esa naturaleza, así que no me sentía cómoda yendo, pero fui- POR COMPLACER A UNA AMIGA. Cuando llegamos, todo estaba bien, era un ambiente de salón con grandes pantallas para ver el juego mientras bebías y pasabas un "buen rato". Nunca disfruté beber, mi diversión siempre era sólo bailar; si no estaba bailando, significaba que estaba aburrida. Cerca de 45 minutos recuerdo haber estado parada junto a la mesa alta de la esquina en la que estábamos, y tener una visión muy real como de "MOVIMIENTO LENTO" (trance) donde todo se detiene y en una fracción de un segundo–escuchó una voz dentro de mi Espíritu que dice en ESPAÑOL "¿Qué haces aquí, cuando sabes que no perteneces aquí? ". Lo escuché repetirse una segunda vez cuando mis ojos y mi vista periférica miraron 180 grados en toda la habitación DENTRO de ese "segundo." Eso me sacudió, porque el TEMOR del SEÑOR (la reverencia a Él) me consumió y supe que era DIOS quien me habló. Comparto este testimonio para decirles que en ese momento entendí "ES REALMENTE TODO SOBRE EL LLAMADO" Dios no estaba diciendo, ni se preocupaba por decirlo; "Oye, estás pecando por estar aquí, oye, esto o aquello está mal"–DIJO "NO PERTENECES AQUÍ" recordándome que donde Él ya me vio en mi destino- fue más allá de lo que puedo imaginar o pensar en el presente! ¡Y exactamente las mismas palabras DECLARO y te recuerdo hoy!

> **PERTENECES donde te ve El!**
> **Cumpliendo tu llamado y propósito!**

A mis chicas solteras, esperen en el Señor y Él te unirá al mejor hombre para ti y juntos él los va a elevar EN PROPÓSITO!

Oro para que este libro haya bendecido tu vida, de la misma manera que me ha bendecido al servirte escribiéndole para ayudarte en tu necesidad. ¡Si hay algo que he aprendido a lo largo de esta jornada de este libro es el cumplimiento que obtengo cuando veo que una MUJER o un HOMBRE son libres porque están viviendo la vida destinada para ellos, ya no una vida distorsionada detrás de las mentiras del enemigo! ¡Sea libre, y libre en verdad!

Recuerda profundizar en otros diseños distorsionados ocultos que animó a acompañarme en la jornada a través del libro: Despojando el Chaleco (el próximo que saldrá) donde compartiré encuentros personales directos y experiencias que DIOS me mostró mientras estaba en el NYPD. Experiencias para compartir con mujeres como tú y ser ilumina y ayudar a transformarte en una mujer radiante en niveles más profundos, y para ayudar a cualquier hombre a comprenderlas a ellas también!

(conectate con nuestros servicios en la última página)

TU CUADERNO DE TU VIDA DESTINADA

INTRODUCCIÓN

Nunca me di cuenta de cuántas relaciones estaba afectando, las ansiedades y la depresión esporádica que estaba luchando, el ciclo de una relación tóxica que estaba confrontando.

Enumera 3 emociones con las que estás luchando.

1. _____

2. _____

3. _____

"Una lata de emociones que necesitan _"

"'Permítame atender sus necesidades compartiendo la jornada, secretos y cosas prácticas para ser RENOVADA/O y llevarte a la vida destinada que Dios hizo para ti!"

Enumere 5 cosas que necesita arreglar.

1. _____

2. _____

3. _____

4. _____

5. _____

Sé honesto contigo mismo y comienza esta jornada juntos.

HE ESTADO ALLÍ TAMBIÉN

Al igual que en matemáticas simples, el denominador común fui yo y siempre soy yo en todo lo bueno o lo malo que está sucediendo o ha sucedido en mi vida!

Lista 4 ¿Problemas del "YO" con los que está tratando?

1. _____

2. _____

3. _____

4. _____

"Sabía que tenía tanta necesidad de _____ que no quería volver a la vieja/o"_. RECUERDA ESTO: "NO ESTÁS AQUÍ EN TIERRA

SÓLO PARA EXISTIR! Hay un plan MÁS ALLÁ de tus situaciones, enfermedad, circunstancias y preocupaciones".

¡ESTABA EN NEGACIÓN!

Por lo tanto, la negación es un proceso cognitivo que se basa en un intento de alterar nuestra experiencia de algo no deseado o emociones inaceptables. Podemos usar la negación para escondernos de cualquier emoción negativa.

Su proceso cognitivo incluye:

1. vergüenza

2. miedo

3. culpa

4. angustia

Conecta estos disparadores de negación.

Mi vergüenza es

_____

_____

_____

_____

DISTORSIONADA

Temo:

_____

_____

_____

_____

Yo era culpable de:

_____

_____

_____

_____

"La mente tiene que ser _____
para causar _____".

DEBES DESINTOXICAR LO QUE HAS ¡CREÍDO SER CORRECTO!

Te contaré el secreto; necesitas literalmente DESINTOXICARTE! Desaprender las cosas aprendidas.

Limpiate de lo que crees que es correcto y deshazte de algo, si no todo.

A continuación se enumeran los 3 pasos que tomé para desintoxicarme.

1. Soy "muy visual", así que volví a esa lista de los impactos negativos y positivos y yo literalmente oré a Dios para ayudarme a ser abierta en las áreas que pensé que eran correcta y abrir mis ojos para ver e iluminarme cuando había margen de mejora.

Escriba 3 impactos positivos en su vida.

1. _____

2. _____

3. _____

2. Tomé la decisión de dejarlo todo en relación a una área que yo reconozco que necesitaba ayuda para comprenderme a mí misma, y las cosas que he aprendido.

¿Qué 3 cosas necesitas para «Desaprender»?

1. _____

2. _____

3. _____

3. A través de mi caminata diaria cuando hablaba con cualquier persona, mujeres u hombres, fui cuidadosamente pensando en mi proceso de pensamiento, intencionalmente viendo de qué raíz provenía.

¿Cuál pensamiento es el que necesita más de tu atención?

_____

_____

_____

_____

¡SE INTENCIONAL!

ESTABA ABIERTA Y SABIAMENTE LO SUFICIENTE PARA TOMAR LA AUDAZ DECISIÓN DE ENTENDER "EL ALMA".

El diablo, el enemigo, quiere llegar a tu subconsciente, que está en nuestra mente, que está en nuestra alma, para que la voluntad pueda decidir. Es desde ese punto que el cuerpo puede actuar sobre él, y lo hace a través de:

- MÚSICA
- PROGRAMAS
- PELÍCULAS
- CONVERSACIONES, etc.

Todo está conectado a tus 5 sentidos:

- Visión
- Oler
- Sonido
- Gusto

- Toque

Preguntas para reflexionar sobre:

- ¿Qué estás viendo?

- ¿Qué estás sintiendo?

- ¿Qué estás tocando?

- ¿Cuáles son tus conexiones?

- ¿Cuál es tu atmósfera?

Y estos son sólo para nombrar algunos de los drásticos cambios que hay que tener en cuenta. Debes preguntar y responder estas preguntas a ti mismo.

Principio clave de la vida bíblica: "Todo es permisible en la vida, pero no todo es beneficioso".

Como puedes _____, entendiendo el me llevó a un _____ más profundo que no tenía idea que me _____.

ESTÉ ABIERTO PARA COMENZAR UNA VIDA DE ORACIÓN, DE FORMA RADICAL Y AUDAZ

"*Para tener más de Dios debes aprender a hacer menos por una temporada*" Inventario del tiempo de la CUEVA:

¿Qué cosas necesitas para estar en la cueva?

¿Qué cosas debes dejar en la cueva?

¿Qué cosas necesitas llevar/sacar de la cueva?

Sé que puede sonar radical, PERO quería un cambio radical.

Enumere 3 cambios radicales que tiene que hacer este año.

1. _____

2. _____

3. _____

"La satisfacción está ligada a disfrutar de tu temporada de ahora. En esta temporada apreciamos todo lo que se tiene y lo que no se tiene. Llegué a un estado interno en el fondo donde no quería nada más pero sí a Cristo ".

DISTORSIONADA

¡REVELACIONES DIRECTAS DE LO ALTO!

La revelación de su inmovilidad.

    La quietud es confiar en Dios.

    La quietud no siempre es tranquila y pintoresca.

    La quietud es escuchar su voz.

    La quietud es verlo moverse a tu favor.

Por favor, anota pensamientos que te distraigan.

1. _____

2. _____

3. _____

4. _____

Enumerados en un orden no específico, estos son ALGUNAS de mis revelaciones:

Él es verdaderamente mi _____ , no importa cualquiera que sea mi terrenal o no _____ hecho. Sé _____, no lo sabemos todo, y está bien acepta que aún eres l _____ aprendido en TODAS las estaciones de la vida y NO A _____.

PUNTO CLAVE: Todas Las REVELACIONES las escribía. Leía toda mi lista de día y de noche, hasta aproximadamente un año y medio más tarde cuando mi carácter realmente comenzó a parecerse un poco más al de Jesús que me rescató. Le recomiendo que haga lo mismo.

Ve a YouTube: MARLYN ROJAS OFFICIAL; donde les doy los próximos 3 cuadernos en videos.

Servidora Marlyn Rojas, sigue ayudando a como AUDAZMENTE RESTAURAR IDENTIDAD, DISEÑO, AMOR, RELACIONES, y PROPÓSITOS por medio de el Señor.

Conéctese:

- DISTORSIONADA en Tour (gira) está disponible para conferencias de damas y clubs de lectores.

- WOMEN FACEBOOK PAGE: Radiant Woman International

- INSTAGRAM: @MarlynRojasOfficial

- TWITTER: @MarlynRojas

- PÁGINA de FACEBOOK: @MarlynRojasOfficial

- PODCAST: MarlynRojasOfficial By Marlyn Rojas en 7 plataformas y/o más.

- Todos los libros disponibles en Amazon, Barnes & Nobles, y más distribuidores de libros

- AGENDA TU SESIÓN de Entrenamiento vital certificado; Int. Life & Relationship Coaching Session/o consulta con Radiant Publishing en: www.MarlynRojas.com

SERVICIOS ADICIONALES: Conferencias | Talleres| Predicas | Recursos Editoriales | Servicios y Clases de Interpretación | Hands to Serve Inc. Foundation | @LasRojasSisters | Por Su Gracia: Ministra Ordenada y sirviendo la iglesia local.

www.ingramcontent.com/pod-product-compliance
Lightning Source LLC
Chambersburg PA
CBHW071030080526
44587CB00015B/2557